Claus Rech

Die Herrschaft Bettingen an der Prüm und ihre Erträge um 1780

Quellen zur Eifeler Geschichte,

Reihe A, Band 2

Claus Rech

Die Herrschaft Bettingen an der Prüm und ihre Erträge um 1780

Edition einer Aufstellung der sternberg-manderscheidischen

Verwaltung

Impressum

Bibliografische Information der Deutschen Nationalbibliothek: Die Deutsche Nationalbibliothek verzeichnet diese Publikation in der Deutschen Nationalbibliografie; detaillierte bibliografische Daten sind im Internet über http://dnb.dnb.de abrufbar.

© 2016 Claus Rech

Cover: Ralf Wolf, Jülich (www.autorenservice.de)

Herausgeber: Förderkreis Bettinger Geschichte e.V.

3., verb. Auflage

Herstellung und Verlag:

BoD – Books on Demand, Norderstedt

ISBN: 9783741295096

Inhalt

Das Bettinger Ertragsverzeichnis von 1781 7

Einleitung 7

Gräfin Augusta von Sternberg-Manderscheid 8

Die Herrschaft Bettingen 9

Der Inhalt des Bettinger Verzeichnisses 10

Die Einnahmen 11

Die Ausgaben 13

Der Gesamtertrag 14

Die Überlieferung des Quellentextes 15

Quellentexte 17

Edition des Bettinger Ertragsverzeichnisses von 1781 17

Edition des „Status generalis" 20

Edition der Umrechnungsliste zu Münzen und Maßen 21

Glossar 23

Zeittafel 27

Die Besitzer der Herrschaft Bettingen im 18. Jahrhundert 27

Anmerkungen 28

Nachweise 31

Quellen 31

Literatur 32

Abbildungen 34

Anhang.. 35

Die sternberg-manderscheidischen Ertragsaufstellungen von 1781 im Überblick..... 35

Das Bettinger Ertragsverzeichnis von 1781

Einleitung

Im Jahre 1781 ließ Gräfin Augusta von Sternberg-Manderscheid in der Herrschaft Bettingen an der Prüm ein Verzeichnis über ihre dortigen Einkünfte und Ausgaben anfertigen. Eine solche Aufstellung war etwas Neues. Zwar hatte es schon seit dem Mittelalter Güterverzeichnisse und Einnahmeregister gegeben, aber Übersichten, die einen umfassenden Einblick in die Ertragslage boten, waren bis in das 18. Jahrhundert hinein selten. Um die jährlichen Reinerträge zu bestimmen, listete man nun die Einzelposten der gräflichen Wirtschaftsführung auf und ermittelte deren durchschnittlichen Wert. Das Ziel der 1781 angefertigten Bettinger „Beschreibung" war, Anhaltspunkte über Kosten und Nutzen des gräflichen Wirtschaftens in der Herrschaft zu erhalten.

Es galt, die Einkünfte in einem weiträumigen Gebiet zu erfassen, denn die Herrschaft Bettingen erstreckte sich mit ihren Streubesitzungen entlang der Nims, der Prüm und der mittleren Sauer. Der Hauptort der Herrschaft war die Freiheit Bettingen mit der oberhalb des Ortes gelegenen Burg. Bettingen wurde als „Freiheit" bezeichnet, weil es im Mittelalter „gefreit", d.h. mit städtischen Privilegien ausgestattet wurde und die Einwohner persönlich frei waren. Die Herrschaft gehörte seit der Mitte des 16. Jahrhunderts zu den manderscheidischen Territorien in der Südeifel.

Die Aufstellung von 1781 zeigt, aus welchen Quellen die Erträge des Grafenhauses in der Herrschaft stammten. Gleichzeitig lässt sie erkennen, welche Ausgabeposten für die Verwaltung der Bettinger Güter anfielen und die Einkünfte schmälerten. Die Ertragsberechnung gibt damit einen detaillierten Einblick in die grundherrschaftlichen Verhältnisse eines Kleinterritoriums im 18. Jahrhundert.

Ähnliche Auflistungen wie die Bettinger Übersicht entstanden 1781 auf Geheiß der damals regierenden Gräfin Augusta auch in anderen sternberg-manderscheidischen Territorien. Sie dienten der Blankenheimer Zentralverwaltung dazu, sich ein verlässlicheres Bild über die ökonomische Lage der einzelnen Besitzungen zu machen. Die gesammelten Daten flossen schließlich in eine Gesamtübersicht ein, den sogenannten „Status generalis".

Die vorliegende Darstellung präsentiert die Bettinger Aufstellung von 1781 erstmals in einer Edition. Vorab erläutern die einleitenden Kapitel die historischen Rahmenbedingungen, vor denen die Abfassung der Ertragsverzeichnisse stattfand. Zum Vergleich werden nach der Präsentation der Bettinger Liste auch der Blankenheimer „Status generalis" und eine zeitgenössische Liste mit den Münzsorten und Maßen der sternberg-manderscheidischen Gebiete wiedergegeben. Im Anschluss an die Edition der Quellen findet sich eine Erläuterung der heute nicht mehr oder nur schwer verständlichen Begriffe.

Gräfin Augusta von Sternberg-Manderscheid

Die Abfassung der Bettinger Übersicht erfolgte kurz nach dem Regierungsbeginn der Gräfin Augusta von Sternberg-Manderscheid. Sie hatte im Jahre 1780 die Regierung angetreten und war die letzte regierende Gräfin aus dem Hause Manderscheid. Als Tochter des bereits 1772 verstorbenen Grafen Johann Wilhelm von Manderscheid-Blankenheim hatte sie die Regierungsgeschäfte von dessen Bruder bzw. ihrem Onkel, dem Grafen Franz Joseph von Manderscheid-Blankenheim, übernommen. Dieser war im Dezember 1780 kinderlos verstorben (1).

Zu den gräflichen Gebieten, deren Ertragsverzeichnisse sich bis heute erhalten haben, zählten um das Jahr 1781 reichsunmittelbare Territorien, in denen Augusta alleinige Landesherrin war, sowie landsässige bzw. mittelbare Gebiete, in denen die Gräfin Lehensträgerin benachbarter Landesherren war. Ein solches „mittelbares" Gebiet war auch die im Herzogtum Luxemburg gelegene Herrschaft Bettingen. Hier hatte die Gräfin am 11. Dezember 1780 mit dem Besitzergreifungsakt über die Herrschaft und die anschließende Huldigung durch die Untertanen die Regierungsgewalt übernommen (2).

Gräfin Augusta war mit dem Grafen Christian von Sternberg verheiratet, der aus einem alten böhmischen Adelsgeschlecht stammte. Nach der Erbfolge in den manderscheidischen Territorien nannte sich Augustas Familie „von Sternberg-Manderscheid". Graf Christian von Sternberg erscheint als Mitunterzeichner auf zahlreichen Dokumenten (3).

Die gräfliche Familie regierte die manderscheidischen Besitzungen bis 1794, dem Jahr, in dem die französischen Truppen in die Gebiete links des Rheins einrückten und diese besetzten. Bedingt durch diese Ereignisse, floh die Familie auf die

Besitzungen, die der Ehegatte in Böhmen geerbt hatte. Beim Reichsdeputationshauptschluss des Jahres 1803 erhielt das Grafenhaus für den Verlust der reichsunmittelbaren Güter links des Rheins das Gebiet der früheren Reichsabteien Weißenau und Schussenried in Schwaben als Entschädigung zugesprochen (4).

Im Jahre 1781 rechnete allerdings wohl noch niemand damit, dass die bisherige Ordnung nur dreizehn Jahre später aus den Angeln gehoben würde. Vielmehr ergriff die neue Gräfin seit ihrem Regierungsbeginn im Jahre 1780 zahlreiche Maßnahmen, um den ererbten Besitz neu und besser zu organisieren. Aus diesem Grunde erfolgte auch die Abfassung der Ertragsaufstellung des Jahres 1781.

Die Herrschaft Bettingen

Die Herrschaft Bettingen gehörte zu den südwestlichen Territorien des Grafenhauses innerhalb der Eifel und stand unter luxemburgischer Landeshoheit. Ein Teil der Besitzungen der Herren von Bettingen war im Spätmittelalter aus dem Gebiet der Propstei Bitburg herausgelöst worden und bildete seitdem eine Hochgerichtsherrschaft. Ein anderer Teil der Bettinger Besitzungen lag außerhalb dieses Gebietes. Dort waren die Inhaber der Herrschaft Bettingen lediglich Grundherren. Im Jahre 1554 gelangten sämtliche Bettinger Güter an die Kailer Linie des Hauses Manderscheid und verblieben bei diesem Familienzweig bis 1762. Mit dem Tod der letzten Gräfin Maria Anna gingen sie dann aufgrund eines Erbvertrages an das Haus Manderscheid-Blankenheim über, dessen Territorien Gräfin Augusta 1780 erbte (5).

Zum Kerngebiet der Herrschaft Bettingen gehörten neben der Freiheit Bettingen die Dörfer Olsdorf, Peffingen, Wettlingen und Teile der Dörfer Baustert, Feilsdorf, Mülbach und Stockem. In ihnen waren die Grafen aus dem Hause Manderscheid Hochgerichtsherren. Hinzu kamen die Dörfer Olk, Nattenheim, Minden, Menningen, Messerich, Stedem, Birtlingen, Esslingen, Burg, Niehl und Mettendorf, wo die Manderscheider als Grundherren die niedere und mittlere Gerichtsbarkeit besaßen. Die Hochgerichtsbarkeit lag in den letztgenannten Orten bei anderen Herren, wie z.B. den Herren von Bitburg.

Der Neuerburger Amtmann und Rentmeister Maas (auch: Maes) war 1781 in Bettingen für die Verwaltung der Abgaben zuständig, die die Untertanen an die Herrschaft entrichteten. Er ist auch der Verfasser der nachfolgend edierten

Aufstellung. Im April 1781 hatte Gräfin Augusta von Sternberg-Manderscheid den Rentmeister mit der Erstellung der Ertragsübersicht beauftragt (6).

Die Bewohner der Herrschaft Bettingen lieferten ihre Grundabgaben alljährlich auf der Bettinger Burg ab. Der dortige Pächter war seit jeher mit der Einziehung dieser Grundrenten betraut. Auch die Geldabgaben waren dorthin zu zahlen. Nach dem Eingang der Gelder und Naturalien nahm sie der zuständige Rentmeister dann beim Burgpächter in Empfang und sorgte für den Verkauf des Getreides und die Überführung der Gelder in die gräfliche Kasse. Die Untertanen der Herrschaft Bettingen waren außerdem zur Ableistung von Frondiensten verpflichtet. Sie konnten beispielsweise zu Reparaturarbeiten auf der Bettinger Burg oder der Anlieferung von Holz herangezogen werden (7).

Die nach dem Regierungsantritt der Gräfin Augusta erstellte Übersicht über die Einkünfte und Ausgaben in der Herrschaft Bettingen ist eine lokale Bestandsaufnahme der gräflichen Ertrags- und Vermögensverhältnisse. Die Abfassung der Liste erfolgte nach Vorgaben der Blankenheimer Zentrale, von wo aus die Arbeiten an den Tabellen für die einzelnen Herrschaften koordiniert wurden. Offenbar stand die Wirtschaftsführung des gräflichen Hauses insgesamt auf dem Prüfstand. Das Ziel des Grafenhauses war, die wirtschaftliche Ertragslage zu verbessern. Bis zum Ende des Alten Reiches wurden daher noch etliche unwirtschaftliche Bereiche aufgegeben.

Der Inhalt des Bettinger Verzeichnisses

Der vollständige Titel der Aufstellung für die Herrschaft Bettingen lautet: „Beschreibung aller rhenten und gefellen, forth ausgaben gemelter Herrschafft [Bettingen]." Die ermittelten Erträge werden in Reichstaler, Stüber und Liard angegeben. Der in Bettingen verwendete Reichstaler Luxemburger Währung wurde zu 56 Stüber berechnet. Ein Stüber wiederum entsprach 12 Denaren. In der Quelle werden die Währungseinheiten mit „rhr.", und „stbr." abgekürzt.

Für die Naturaleinnahmen werden die Hohlmaße Malter, Sester und Faß gebraucht. Sie wurden im Quellentext mit „mald." und „str." abgekürzt. Ein Malter entsprach 12 Sestern (8). Die im Jahre 1781 genannten Erträge basieren auf den Durchschnittswerten von acht Jahren. Das Ertragsverzeichnis ist in zwei Teile gegliedert. Der erste Teil gibt die Einkünfte der Herrschaft wieder und der zweite beschreibt die Ausgaben und Kosten. Zu den Einkünften zählten die Einnahmen an Getreide und an Geld, die von den Untertanen aufgebracht und entrichtet werden mussten. In der Aufstellung addieren sich beide Posten zur „Summa Empfang".

Die Einnahmen

Die sternberg-manderscheidischen Einkünfte in der Herrschaft waren vielfältig. An Getreide wurden in der Herrschaft Bettingen in der Regel Weizen, Roggen („Korn"), Hafer und Spelz, d.h. Mischelfrucht, abgeliefert. Die Getreideeinnahmen reduzierten sich jeweils um den „Schrimpf", womit der Schwund bezeichnet wird, der während eines Jahres beim angelieferten Getreide auftreten konnte. Insgesamt erhielt das Grafenhaus jährlich Getreide im Wert von 540 Reichstalern, 22 Stübern und 4 Liard.

Die Geldeinnahmen beliefen sich daneben auf noch einmal rund 259 Reichstaler. Sie stammten überwiegend aus den Zinszahlungen, Schaftgeldern und Geldbeträgen für die Moselfahrten, was zusammen rund 123 Reichstaler in die gräfliche Kasse brachte. Die Zinszahlungen wurden von den Erbpachtgütern und den Haushalten in der Freiheit Bettingen gezahlt. Die Schaftgelder mussten die Inhaber der Bauernhöfe, die in der Herrschaft meist Schaftgüter waren, entrichten. Die Bewohner dieser Höfe waren leibeigen, und die Schaftgüter konnten nur an das älteste Kind vererbt werden. Mit den Geldbeträgen für die Moselfahrten wurden frühere Frondienste der Untertanen abgegolten, die diese ursprünglich zum Transport des Weins von der Mosel hatten leisten müssen.

In Geld berechnet wurde auch der Wert weiterer Naturallieferungen. Bei diesen Abgaben handelte es sich um Schweine, Lämmer, Hammel, Kälber, Böcke, Hühner, Kapaune, Hähne, Eier, Butter, Öl, Wachs, Flachs, Pfeffer und Ingwer.

Zudem waren die Untertanen zur Zahlung des Wachtgeldes verpflichtet, das ursprünglich offenbar zur Entlohnung der Wachen auf der Bettinger Burg gedient hatte. Ein gesonderter Geldbetrag stammte von den Bewohnern der Freiheit Bettingen, die neben den Zinszahlungen den sogenannten Herdpfennig für ihre Haushalte zahlten. Diese Abgabe war in luxemburgischen Kleinstädten und den gefreiten Orten verbreitet. Der Herdpfennig war bereits im Mittelalter bei der Privilegierung dieser Orte als Zahlung festgelegt worden.

Hinzu kamen die Pachteinnahmen des Grafenhauses. Sie stammten aus der Verpachtung der Bettinger Burg und der Verpachtung von Zehnteinkünften, die der Herrschaft zustanden. Die Überlassung der Zehnten erfolgte jährlich auf dem Wege einer Versteigerung. Der Ansteigerer zahlte der gräflichen Verwaltung eine feste Summe für die ersteigerten Zehnten und durfte die von den Untertanen eingezogenen Zehntabgaben dann in eigener Regie verkaufen. Aus jährlichen Zahlungen der Untertanen für den Fund und die Nutzung von Bienenstöcken und die Bucheckernmast der Schweine im Wald gelangten überdies weitere Gelder in die gräfliche Kasse. Dasselbe galt für verschiedene Gebühren wie den zehnten Pfennig, der beim Verkauf von Gütern anfiel, den Loskauf bzw. „Abkauf" aus der Leibeigenschaft und den Betrag, der bei der Übernahme eines Haushalts angefordert wurde. Auch diese Summen konnte das Grafenhaus als Einnahmen verbuchen.

Obwohl das Haus Sternberg-Manderscheid mehrere kleine Wäldchen in der Herrschaft besaß, nennt die Auflistung von 1781 keinerlei Einkünfte aus der Forstwirtschaft. Möglicherweise waren diese Waldflächen wie die Burgländereien an den Hofmann der Bettinger Burg verpachtet. Dennoch addierten sich die gräflichen Einnahmen auf eine recht beachtliche Summe. Insgesamt lag die Höhe aller Einkünfte um 1781 bei fast 800 Reichstalern.

Zur Einordnung dieses Wertes lassen sich die Ertragsdaten für die Herrschaft Bettingen aus dem Jahre 1766 heranziehen. Sie basieren auf den Angaben des in jenem Jahre im Herzogtum Luxemburg erstellten Maria-Theresia-Katasters. Demnach beliefen sich die höchsten Reinerträge von bäuerlichen Grundgütern in der Herrschaft auf 20 bis 32 Reichstaler pro Jahr. Das galt allerdings nur für rund ein halbes Dutzend Bauern, die aufgrund ihrer Landausstattung in der Lage waren, derartige Gewinne zu erwirtschaften. Die meisten anderen Landbesitzer lagen mit ihren Erträgen weit unter diesen Zahlen, und in zahlreichen anderen Fällen fehlten Einnahmen aus dem Landbesitz sogar gänzlich. Zusätzliche Einkünfte konnten die Untertanen jedoch noch durch die Ausübung von Neben- und Zusatztätigkeiten, den kostenlosen Bezug von Gemeindeholz oder das Recht auf Teilhabe an der Gemeindeweide erzielen. Nimmt man nun die 32 Reichstaler, die um 1766 als höchster bäuerlicher Reinertrag in der Herrschaft Bettingen genannt werden, so ist zu erkennen, dass die in Geld berechneten Einkünfte des Grafenhauses, die im Verzeichnis von 1781 genannt werden, beim Fünfundzwanzigfachen dieses Wertes lagen (9)!

Für die Bewohner der Herrschaft Bettingen bildeten die Abgaben an das Haus Sternberg-Manderscheid somit einen großen Posten unter den finanziellen und materiellen Lasten. Doch zu diesen Abgaben kamen noch weitere hinzu. Vor allem mussten die herrschaftlichen Untertanen noch weitere Zehnten, etwa an die Kirche, abliefern. Von diesen zusätzlichen Zehntabgaben ist in der Ertragsaufstellung von 1781 nicht die Rede. Auch macht die Übersicht keine Angaben über die Höhe der Steuern, die die Untertanen daneben an den Landesherrn zahlten. Die Gesamtbelastung durch Abgaben und Zahlungen war also für die Einwohner der Herrschaft Bettingen noch deutlich höher, als es aus der sternberg-manderscheidischen Aufstellung hervorgeht.

Die Ausgaben

Doch fanden die Untertanen der Herrschaft Wege, die Abgabenlast zu verringern. In ihrem zweiten Teil erwähnt die Bettinger Liste unter der Rubrik „ausgab geld" einen Kostenpunkt, der ungewöhnlich erscheint und die Einnahmen des Hauses Sternberg-Manderscheid minderte. So heißt es in der Aufstellung:

„Es werden jahrs von den berechneten grund rhenten von den schafft und zinß leuten 1/11 wegen der schatzung eingehalten und nicht zahlt." Das bedeutet, dass die Bewohner der Herrschaft Bettingen die Zahlung von einem Elftel ihrer Grundabgaben an die Herrschaft im Wert von über 14 Reichstalern regelmäßig verweigerten. Der Grund hierfür war die im Jahre 1771 auf der Basis des Maria-Theresia-Katasters eingeführte staatliche Grundsteuer („schatzung"). Diese Steuer wurde an die österreichisch-habsburgischen Landesherrn des Herzogtums Luxemburg gezahlt. Ihre Höhe richtete sich nach den Grundstücksgrößen, die 1766 in ihrem Wert geschätzt und im Kataster verzeichnet worden waren. Nach Einführung der neuen staatlichen Grundsteuer hatten die Untertanen die Abgaben an den Grundherrn offenbar eigenmächig gekürzt. Allem Anschein nach fehlten dem Haus Sternberg-Manderscheid und seinen Vertretern in Bettingen die Sanktionsmittel, um die dortigen Einwohner wieder zur vollständigen Entrichtung der geforderten Abgaben zu bewegen.

Den Einkünften des Grafenhauses standen in Bettingen im Jahre 1781 noch weitere Ausgabeposten gegenüber. Vermutlich erklärt der Streit um die Verweigerung der bis um 1770 von den Untertanen gezahlten Abgaben auch die recht hohen

Prozesskosten, die das Haus Sternberg-Manderscheid laut der Ertragsaufstellung „ein jahr ins andere" zu tragen hatte. Es ist anzunehmen, dass das Grafenhaus das fehlende Elftel der Abgaben auf gerichtlichem Wege einzuklagen versuchte. Prozesse zwischen dem Grafenhaus und seinen Untertanen oder auch mit einzelnen Gemeinden waren im Alten Reich ohnehin sehr häufig. Diese Prozesse konnten im Herzogtum Luxemburg nur vor dem Luxemburger Provinzialrat bzw. dem späteren Souveränen Rat ausgetragen werden. Dabei mussten sich beide Prozessparteien durch Anwälte vertreten lassen. Das Urteil fällte dann der Luxemburger Rat. Für die unterlegene Prozesspartei war eine solche juristische Auseinandersetzung meist sehr kostspielig.

Daneben erklärten sich 1781 zusätzliche Ausgaben der gräflichen Verwaltung aus den Personalkosten („bestallungen"), den gräflichen Steuerzahlungen an den Luxemburger Landesherrn und den Aufwendungen für Reparaturen. Die Steuern musste das Grafenhaus für seine eigenen, innerhalb der Herrschaft gelegenen Ländereien und die erhaltenen Zehnten zahlen. Die Aufwendungen für Reparaturen betrafen Arbeiten an der Bettinger Burg oder die Instandhaltung der Pfarrkirche in Bettingen. Insgesamt beliefen sich die Ausgaben in der Herrschaft Bettingen auf rund 178 Reichstaler.

Der Gesamtertrag

Nach der Auflistung der verschiedenen Einzelposten werden die Gesamtausgaben am Ende der Aufstellung von den Gesamteinnahmen abgezogen. Die Abzüge verringerten den Bruttoertrag um knapp ein Viertel, so dass sich ein jährlicher Reingewinn von 621 luxemburgischen Reichstalern, 14 Albus und 6 Liard „zur cassa gnädiger Herrschaft" ergibt. Das entsprach, in trierischer Währung gerechnet, 885 Reichstalern und 47 Albus. Im „Status generalis" werden die Gesamteinkünfte aus der Herrschaft Bettingen mit 885 Reichstalern und 68 Albus angegeben.

Der Unterschied zu der Gesamtsumme, die in der Bettinger Aufstellung genannt wird, ist auf die Umrechnung in den kölnischen Reichstaler zurückzuführen, der von der gräflichen Verwaltung in Blankenheim bei der Abfassung der Gesamtübersicht zugrunde gelegt wurde. Der „Status generalis" zeigt, dass die Bettinger Erträge im Vergleich zu den anderen gräflichen Territorien nur knapp 4 % der jährlichen sternberg-manderscheidischen Gesamteinkünfte ausmachten, obwohl sie in einem weiträumigen Gebiet erhoben wurden.

Der Hauptgrund für die „Ertragsschwäche" der Herrschaft Bettingen war, dass Einnahmen aus der Forstwirtschaft fehlten. In der weitaus kleineren Eifelherrschaft Oberkail machten die Erlöse aus Holzverkäufen mehr als die Hälfte des Gesamtertrages aus und in der Grafschaft Manderscheid über 40 %. Die höchsten Einnahmen insgesamt verzeichnete das Grafenhaus in den Grafschaften Gerolstein und Blankenheim, in denen die Untertanen neben den Grundabgaben auch die Landessteuern an das Grafenhaus entrichteten (10).

Die Anfertigung der Aufstellung von 1781 blieb in Bettingen nicht folgenlos. Ein Resultat der Bestandsaufnahme in der Herrschaft Bettingen dürfte gewesen sein, dass sich die Blankenheimer Verwaltung dazu entschloss, die Bettinger Einkünfte ab 1783 an die Abtei Echternach zu verpachten. Die Abtei zahlte fortan eine feste jährliche Pachtsumme an das Grafenhaus und ließ die Abgaben und Zahlungen der Bettinger Untertanen auf eigene Kosten und zum eigenen Nutzen einziehen. Der Verpachtungszeitraum begann am 1. November 1783. Für das Grafenhaus war es wahrscheinlich wirtschaftlicher, einen festen Pachtbetrag zu erhalten, als das abgelieferte Getreide und die sonstigen Naturalabgaben zu den Märkten transportieren zu lassen, um sie dort zu verkaufen.

In die gleiche Richtung wie die Bettinger Neuerungen weisen im Übrigen auch die Maßnahmen der sternberg-manderscheidischen Verwaltung in der Herrschaft Oberkail. Dort wurde im Jahre 1782 die gräfliche Eigenwirtschaft aufgegeben, und man verpachtete die Ländereien an den Amtsverwalter (11).

Die Überlieferung des Quellentextes

Der Quellentext des Originaldokuments ist in einem Karton („Kiste") des Nationalarchivs Prag mit der Nr. 160 überliefert und wird in der Außenstelle Theresienstadt (Terezín) aufbewahrt. Eine Mikroverfilmung wurde zu Beginn der achtziger Jahre des 20. Jahrhunderts durch den Euskirchener Kreisarchivar Otermann angefertigt. Die erstellten Mikrofilme sind heute in der Archivberatungsstelle des Landschaftsverbands Rheinland in Brauweiler einsehbar (12).

Zu den auf Mikrofilm festgehaltenen Quellen aus Kiste 160 gehören neben den Erträgnisaufstellungen auch die Protokolle über die Huldigungsfeiern für Gräfin

Augusta von Sternberg-Manderscheid aus dem Jahre 1780, Berichte über die Lehensverhältnisse in den einzelnen Herrschaften sowie weitere Gutachten und Schreiben aus den Regierungsjahren der Gräfin. Außer für die Herrschaft Bettingen sind aus dem Jahre 1781 auch die Übersichten zu den Einkünften aus den Herrschaften Dollendorf, Kronenburg, Neuerburg, den Grafschaften Blankenheim, Gerolstein, Manderscheid, Oberkail und dem Hof Dusemond überliefert. Als Quelle steht die Bettinger Liste von 1781 in der Tradition der Besitzverzeichnisse und der sogenannten „Renovationen", die seit dem späten Mittelalter in den einzelnen Territorien in unregelmäßiger Folge abgefasst wurden. Mit diesen Übersichten verschafften sich die adligen Inhaber der Territorien jeweils einen aktuellen Überblick über die Wirtschaftlichkeit ihres Besitzes (13).

In der vorliegenden Textedition werden für die Wiedergabe der Quellentexte eckige Klammern zur Auflösung der Kürzel im Original und zur Kennzeichnung von ergänzten Satzzeichen verwendet. Spitze Klammern beziehen sich auf Wörter oder Passagen, die später zum Originaltext hinzugefügt oder dort verbessert wurden. Ansonsten wird die Rechtschreibung von 1781 beibehalten. Lediglich die Zeichensetzung wurde an die heutigen Regeln angepasst. Schrägstriche markieren jeweils den Beginn einer neuen Zeile im Original. Die über den Tabellen angegebenen Seitenzahlen entsprechen der Paginierung der Originaldokumente. Die Auflistung zur Herrschaft Bettingen wird im Folgenden in edierter Form wiedergegeben (14).

Quellentexte

Edition des Bettinger Ertragsverzeichnisses von 1781

S. 301r. <u>Herschafft Bettingen</u> / Beschreibung aller rhenten und gefellen, forth / ausgaben gemelter Herschafft

in Lutzemburger wehrung	Maldr.	Str.	Faß	Rhr.	Stbr.	Liard
Einnahm standigen weitzen	34	7	2			
innahm weitzen von zehnden von / 1771 bis 1778 nach proportion acht / Jahr ein Jahr ins andere	6	10	1			
Summa weitz[en]	41	5	3			
Hiervon ab bestallung und schrimpf	1	5	3			
ergo bleibt	40					
Das malter p[er] 2 ½ N[eue] D[a]l[er] angeschlagen f[aci]t				128	32	
Einnahm ständiges rhent Korn	62	1	2			
Korn von Zehnden ein jahr ins andere	52	2	2			
Summa Korn	114	4				
ab bestallung fröhner brod und schrimpf	15	10	1			
ergo bleibt	98	5	3			
Das malter p[er] 2 Kronthaler angeschlagen f[aci]t				253	13	
Einnahm Haber rhent standig	83	4	3			
Haber von zehnden ein jahr ins andere	37	6	2			
Summa haber	120	11	1			
ab bestallung und schrimpf ad	7					
mithin bleibt / an Haber übrig	113	11	1			
Das mald[er] p[er] 1 N[eue] D[a]l[er] angeschlagen f[aci]t				146	27	4
Einnahme ständiger Speltz nach abzug / des schrimpfs	7		3			
das mald[er] p[er] 1 N[eue] D[a]l[er] 24 st[ü]b[e]r angeschlagen f[aci]t				12	6	
[Insgesamt:]				540	22	4

S. 301v.

Empfang geld	Rhr.	als.	liard
Transport	540	22	4
der schloß hofman gibt nebent der pfacht wegen der / frohnung Jahrs	24		
die unterthanen geben Jahres wachtgeld	15	28	
die zinß-[,] schafft und moselfahrts geldern thuen / Jahrs ständig	123	7	
der trocken weinkauf vom zehnden Verlaß standig	13	21	
es werden jahrs geliefert 5 schwein ein p[er] 250[,] die übrige vier p[er] 150 l[i]b[ra] werden dahier angeschlagen p[er]	24		
bettinger müller zahlt statt eines waag schweins	12		
es erfallen jahrs standig 13 weid hämmel	13		
Item 2 Kälber und 1 Böcklein ad	2	2	
138 Hüner p[ro] st[üc]k 3 st[ü]b[e]r f[aci]t	7	22	
21 Capaune p[ro] st[üc]k 6 st[ü]b[e]r f[aci]t	2	14	
2 hahnen		5	
433 eÿer ad	1	31	4
Item 16 quart butter 2 quart öhl, 4 l[i]b[ra] wachß / und 2 l[i]b[ra] flachß[,] zusammen angeschlagen p[er]	8	27	
3 l[i]b[ra] pfeffer und 3 l[i]b[ra] ingber	1	16	
Herdtpfenning und gondorfer wein zinß	1	24	4
es sind ein Jahr ins andere erfallen: / 13 zehnd lämmer[,] p[ro] stück ½ r[eichst]h[ale]r geschätzt f[aci]t	6	28	
bienen fund ackerschatz und zehnter pf[enni]g von ver- / käufften gütern ein jahr ins andere gethan		15	4
abkauf der leibeigenschafften und Huldigungen / Junger Haußmeistern ein jahr ins andere	2	21	
Summa Empfang	799	5	

S. 302r.

ausgab geld	Rhr.	als	Liard
an bestallungen	51	18	4
es werden jahrs von den berechneten grund- / rhenten von den schafft und zinß leuten / 1/11 ~~eingehalten und~~ wegen der schatzung eingehalten und nicht zahlt	14	6	6
die Ordinaire und Extraordinaire schatzung von / herrschafftlichen gründen und zehnden ein jahr ins / andere gethan	37	29	
für zehrungs kösten beÿm Jahrgeding und zehnd / Verlaß und für beköstigung bei lieferung der / rhentschweinen Jahrs ständig	4	46	
an interesse Jahrs	5	55	
an proces Kösten ein jahr ins andere	23	41	
an baureparationen ein jahr ins andere	35	23	
kleine auslagen ins gemein	4	49	
Summa ausgaben	17	46	
der gantze Empfang geld thut	799	5	
hievon abgezogen die ausgaben	177	46	2
Ergo bleibt zur cassa gnädiger Herschafft	621	14	6
B[e]m[erkung]: diese 621 r[eichst]h[ale]r 14 ¾ st[ü]b[e]r lutzemburgisch ertragen / in trierischer wehrung 885 r[eichst]h[ale]r 47 al[bu]s.			

Edition des „Status generalis"

S. 309.

P[er] 78 albuß	R[eichs]-th[a]l[er]	al[bu]s	h[elle]r
Deßen, was sämtliche Graf=, Herschafften und / Gütern des Hochgräflich-Manderscheidischen / Haußes Ihro Hochgräflichen Excellentz Frau / Gräfin Augusta von Sternberg, jetzt / Regierende Gräfin zu Manderscheid e.c. e.c. / Nach deduction aller ausgaben, /: ausschließlich / desjenigen, was zu wittums deputat und / Hohe geschwisteren Jahrs ausgegeben werden / Soll :/ zur Zeit und alle Jahrs eintragen:			
Grafschafft Blanckenheim und Herschafft / Jünckerath thun Jahrs	2955	46	1
die Grafschafft Gerolstein	4998	72	4
die Herschafft Dollendorf	848	-	7
die Herschafft Kronenburg	3426	18	-
die Grafschafft Manderscheid	2781	23	1
die Herschafft Kaÿl	1643	76	-
der Hof Dousemont	239	39	-
die Herschafft Bettingen	885	68	-
die halbe Herschafft Neuerburg	2896	31	9
Summa	20675	62	10
Hiervon wird abgezogen der Status des / schlosses Blanckenheim und herschafftlichen / Haußes in Köln, weil mehr auslagen / alß empfang hat; ad	291	37	7
alßo ist die hauptsumme reines einkommens	20384	25	3
Ferner hat gnädige Herschafft aus [Wörter gestrichen] <Rips- / dorfischen> und Gerolsteinischen land= / steuergelderen Nach ausweiß [Wort gestrichen] des / Status jährlichs zu empfangen	1252	43	-
Mithin ist die Hauptsumme	21636	68	3
leztlich kommen noch hinzu die Blancken= / heimischen landsteueren ad	820	40	-
Summa Status generalis	22457	30	3

Quelle: Landschaftsverband Rheinland (LVR), Archivberatungs- und Fortbildungszentrum Brauweiler, Mikrofilm Nationalarchiv Prag, Bestand Sternberg-Manderscheid, Kiste 160, S. 309.

Edition der Umrechnungsliste zu Münzen und Maßen

Die folgende Übersicht bezieht sich auf den Wert der Währungen, die in den sternberg-manderscheidischen Besitzungen innerhalb des Herzogtums Luxemburg gebräuchlich waren, und die Bemessung der in diesen Gebieten üblichen Hohlmaße.

/S. 169r. / <u>Evaluation deren Geldmünzen und Fruchtmaaßen.</u>

1 R[eichs]th[a]l[e]r thut 78 albus Cöllnisch oder 54 Peterm[ännchen] trierisch.

1 albus Cöllnisch thut 12 Heller

1 Petermengen thut 8 pfenning

1 R[eichs]th[a]l[e]r Luxemburger Wehrung oder 2 Gold=Gülden / Luxemburgisch machen 56 Stüber selbiger Wehrung.

1 Ein Stüber Luxemburgisch macht 12 denarien.

1 Malter Cronenburger Maaß ist 10 Faß.

1 Faß ist 8 Pinten.

1 Ein Malter Cronenburger Maaß macht 1 Malter / 4 Pinten Blankenheimer Maaß.

15 Rader=albus machen ein Schafft=Gülden.

1 Rader=albus macht 12 Rader=Heller[.]

1 Heller macht 4 orth.

1 Rader=Gulden macht 24 albus Rader.

1 Rader=albus macht 24 Heller Cöllnisch, mithin / macht

/S. 169v./ 1 Rader=Gulden 48 albus Cöllnisch; und

1 Schafft=Gulden 30 albus Cöllnisch.

1 Laub= oder Cronen=Thaler macht 72 Stüber Luxem= / burgisch, oder 1 Reichs Thaler 69 albus 4 Heller / Cöllnisch, nach welchem Fuß die Reduction Lu= / xemburger Müntzen in Cöllnische Wehrung eins=weilen in gegenwärtiger Rechnung gemacht wird.

Quelle: Landschaftsverband Rheinland (LVR), Archivberatungs- und Fortbildungszentrum Brauweiler, Mikrofilm Nationalarchiv Prag, Bestand Sternberg-Manderscheid, Kiste 160, S. 169r – 169v .

Glossar

- **Ackerschatz**: Bucheckern im Wald, die zur Schweinemast verwendet wurden.
- **Albus**: Weißpfennig, ursprünglich mit Silbergehalt.
- **Bestallung**: Einstellung und Bezahlung herrschaftlicher Funktionsträger.
- **Bienenfund**: Honig und Wachs von aufgefundenen Bienenstöcken.
- **Capaun**: kastrierter Masthahn.
- **cassa**: Kasse.
- **Deduction**: Abzug, Subtraktion einer Summe.
- **ein Jahr ins andere**: jährlich.
- **erfallen**: werden fällig, fallen an.
- **ergo**: lat. = somit.
- **extraordinaire Schatzung**: Steuer, die zusätzlich zur üblichen Abgabe an den Staat erhoben wird.
- **facit**: lat., ergibt.
- **Faß**: kleines Hohlmaß.
- **forth**: sowie.
- **Fröhner-Brod**: Brotmahlzeit, welche die Untertanen erhielten, wenn sie Frondienste verrichteten.
- **Frohnung**: Frondienste.
- **Frucht / Fruchten**: Getreide.
- **Gefelle**: Abgaben.

- **Gründe**, herrschaftliche: herrschaftliche Liegenschaften.

- **Grundrhenten**: bäuerliche Abgaben, die für Grund und Boden zu entrichten waren.

- **Haber**: Hafer.

- **Haußmeister**: hier = Haushaltsvorstände, Familienväter.

- **Heller**: Münzen mit niedrigem Wert, entspricht etwa einem Pfennig.

- **Herdtpfenning**: Geldabgabe, die meist von städtischen Haushalten zu zahlen war. Sie wurde in Bettingen gezahlt, das im Mittelalter durch einen Freiheitsbrief privilegiert worden war.

- **Huldigungen**: Anerkennungszeremonie für einen neuen Herrn. Bei der Huldigung wurde das übernommene Land in Besitz genommen und der neue Herr in einer Feier anerkannt.

- **Ingber**: Ingwer.

- **Interesse**: Zins.

- **Jahrgeding**: Der jährliche Gerichtstag. Im Hochgerichtsbezirk Bettingen besaßen die Grafen von Manderscheid die niedere, mittlere und hohe Gerichtsbarkeit und konnten somit über sämtliche Rechtsbrüche urteilen.

- **Jahrs**: jährlich.

- **Kronthaler**: wertvolle Münze in den österreichischen Niederlanden.

- **Liard**: kleine Münze der österreichischen Niederlande, deren Wert in etwa einem Pfennig entspricht.

- **libra**: lat., Pfund.

- **Malder**: Malter = Hohlmaß.

- **Moselfahrts-Geld**: Gelder, die anstelle von Fuhren zur Mosel gezahlt wurden.

- **neue Daler**: Taler, der im 18. Jahrhundert neu eingeführt worden war.

- **ordinaire Schatzung**: reguläre Steuer.

- **per**: lat., hier = zu, entspricht.

- **Pfacht**: Pacht.

- **Proces-Kösten**: Prozesskosten.

- **Proportion**, nach: im Verhältnis.

- **Quart**: kleines Maß für Flüssigkeiten.

- **Rentmeister**: herrschaftlicher Einnehmer der Grundabgaben.

- **Rhentkorn**: Abgabe von Roggen.

- **Rhenten**: Abgaben, die sowohl natural als auch in Geld entrichtet wurden.

- **Rhentschweine**: Schweine, die als Grundabgabe abgeliefert wurden.

- **Reichstaler**: wichtigste Währung im Alten Reich, der Wert variierte regional.

- **Schafftgeld**: Geld, das die Schaftbauern von ihren („Schaft-")Gütern an den Herrn zahlten. Die Güter konnten im Herzogtum Luxemburg nur an das älteste Kind vererbt werden. Ihre Inhaber waren leibeigen.

- **Schafftleute**: Schaftbauern.

- **Schatzung**: Steuer.

- **Schloßhofman**: Der Hofpächter der Bettinger Burg.

- **Schrimpf**: Verlust, Schwund.

- **Sester**: Hohlmaß.

- **Speltz**: Mischelfrucht.

- **Status**: lat., Beschreibung, (tabellarische) Aufstellung.

- **Stüber**: Münzen von mittlerem Wert.

- **thuen**: hier = ergeben.

- **Transport**: hier = Übertrag des Gesamtwertes der vorherigen Seite auf die folgende.

- **Trocken-Weinkauf**: Nach einem getätigten größeren Kauf wurde in früheren Zeiten meistens Wein getrunken, den der Käufer bezahlte. Später gaben die Käufer stattdessen oft nur noch ein Geldstück, woraus sich die Bezeichnung „trocken" erklärt.

- **Waagschwein**: gemästetes Schwein, das als Grundabgabe abgeliefert wurde.

- **Wachtgeld**: Geldabgabe zur Bezahlung von Wachdiensten.

- **Weinzinß**: Abgabe an Wein.

- **Wittums-Deputat**: finanzielle Ausstattung der Witwe eines verstorbenen Herren.

- **Zehndlämmer**: Lämmer, die als Teil des Zehnten abzuliefern waren.

- **Zehndverlaß**: verpachtete Zehnten.

- **Zehnden**: Ursprünglich der zehnte Teil der bäuerlichen Abgaben, welcher zunächst ausschließlich zur Finanzierung des kirchlichen Lebens diente.

- **zehnter Pfennig**: Abgabe bei Verkäufen.

- **Zehrungskösten**: Spesen.

- **Zinßleute**: Besitzer von Zinsgütern und Zinshöfen; die Bewohner der Freiheit Bettingen waren überwiegend Zinsleute.

- **Zinßgeld**: Abgabe, die von Zinsgütern und Zinshöfen zu zahlen war.

Zeittafel

Die Besitzer der Herrschaft Bettingen im 18. Jahrhundert

1686 – 1721: Graf Karl von Manderscheid-Kail.

1721 – 1742: Graf Wolfgang Heinrich von Manderscheid-Kail.

1742 – 1762: Wittum der Gräfin Maria Anna von Manderscheid-Kail; aufgrund eines Erbvertrags gingen die Kailer Besitzungen nach ihrem Tod an das Haus Manderscheid-Blankenheim über.

1762 – 1772: Graf Johann Wilhelm von Manderscheid-Blankenheim.

1772 – 1780: Graf Franz Joseph von Manderscheid-Blankenheim; nach seinem Tod fand mit dem Übergang der manderscheidischen Territorien an Gräfin Augusta von Sternberg, geb. Gräfin von Manderscheid-Blankenheim, die weibliche Erbfolge statt.

1780 – 1794: Gräfin Augusta von Sternberg-Manderscheid zusammen mit ihrem Gemahl Graf Christian von Sternberg-Manderscheid.

Anmerkungen

1) Gregor BRAND, Augusta Reichsgräfin von Sternberg-Manderscheid. Letzte regierende Gräfin aus dem Haus Manderscheid, in: Eifelzeitung vom 17. Januar 2016; Heinrich NEU, Der letzte Graf von Sternberg-Manderscheid-Blankenheim – ein historischer Überblick, Sonderdruck, unpag.; Peter NEU, Die Grafen von Manderscheid – ein historischer Überblick, in: TORUNSKY, Vera; Die Manderscheider, Ausstellungskatalog, Köln 1990, S. 13 – 28, hier S. 27 – 28. Bis heute grundlegend zur territorialen Entwicklung der manderscheidischen Besitzungen in der Eifel ist NEU, Peter, Geschichte und Struktur der Eifelterritorien des Hauses Manderscheid vornehmlich im 15. und 16. Jahrhundert, Bonn 1972.

2) Zu den Besitzungen des Hauses Manderscheid innerhalb des Herzogtums Luxemburg gehörten neben der Herrschaft Bettingen auch die Herrschaften Kronenburg und Oberkail, die Hälfte der Herrschaft Neuerburg und die Grafschaft Manderscheid, vgl. dazu Wilhelm FABRICIUS, Erläuterungen zum geschichtlichen Atlas der Rheinprovinz. Einteilung und Entwicklung der Territorien von 1600 – 1794 (= Publikationen der Gesellschaft für rheinische Geschichtskunde, 12), Bonn 1898, S. 22 – 38, sowie die Karte bei Vera TORUNSKY (Red.), Die Manderscheider, S. 214.

Zur Inbesitznahme und Huldigung in der Herrschaft Bettingen 1780 heißt es im Gerichtsbuch der Herrschaft:

„Auf Requisition und Anstehen des ehrenwerten Johann Gerend Maas hochgräflich manderscheid-blanckenheimischer Ambsverwalter und Renthmeister hiesiger Freiheit und Herrschaft Bettingen haben wir unterschriebene und respective verhandzeichnete Richter undt Scheffen ermelter Freiheit und Herschafft Bettingen [uns] mit ihm erhoben, alwo der aus hochgrafflicher Befehl um 7 Ouhren wirckliche und realische Possession und Besitz alhiesiger Herrschaft und Schlos Bettingen sambt /n.p./allen darzu gehurichen Recht undt Gerechtigkeit, davon dependirenden Guttern, Renthen undt Gefalle nehmen und tun wegen Ihro hochgrafflichen Excellence Frawe Graffin von Sternberg mit Hand Lastung alhiesiges Schlos Garten und Gebau ergriffen und ein genommen, uns zu gleich ersuchend gegenwertigen actum possessionis in unseres Hochgerichts-Prothocollo ein zu tragen so wie dan auch Ambs Halber zu thun verpflicht, actum Bettingen ahm 11. Xbris 1780.

Hand+Zeichen Joannes Nosges [U.:] W: Göbel, Anton Kols, Hand+Zeichen Joes Mertens Vice richter, /n.p./ Hand+Zeichen Johannes Schwalen modo Reifers, Hand+Zeichen Hubertus Clees, [U.:] J. Maes."

Siehe Landeshauptarchiv Koblenz (LHAK) 29 B, 220, fol. 430 – 432. Vgl. hierzu auch Claus Rech, Der Regentenwechsel in der Herrschaft Bettingen während des 18. Jahrhunderts. Inbesitznahme- und Huldigungsakte im Spiegel der Gerichtsbücher, in: Heimatkalender Eifelkreis Bitburg-Prüm, Jahrgang 61 (2012), Bitburg, Seite 109 – 117.

3) NEU, Der letzte Graf, unpag. TORUNSKY, Manderscheider, S. 191. Siehe auch Aleš CHALUPA, Die Familie der Grafen Sternberg-Manderscheid und ihr Archiv, in: TORUNSKY, Manderscheider, S. 83 – 87.

4) NEU, Der letzte Graf, unpag. CHALUPA, Familie, a.a.O., S. 83 – 87. Vgl. hierzu auch Willibrord WEINS, Die Grafschaft Manderscheid in der Eifel, Diss. Münster 1921, S. 41 – 43.

5) NEU, Eifelterritorien, S. 153 – 154; RECH, Regentenwechsel, S. 109 – 110.

6) Zur Anweisung der Gräfin siehe den Vermerk in der Kronenburger Ertragsaufstellung unter LVR, Verfilmung, a.a.O., S. 286r. Das Patent des Grafen Franz Josef von Manderscheid-Blankenheim, in dem Maas (Maes) mit dieser Aufgabe betraut wurde, stammt vom 4. April 1778 und wurde in Köln ausgestellt, siehe HEYEN / ZIMMER, Stadtarchiv Neuerburg. S. 34.

7) RECH, Regentenwechsel, S. 113; die Zugehörigkeit einzelner Orte zur Herrschaft Bettingen geht unter anderem aus der Nennung in den herrschaftlichen Rechnungen hervor. Sie werden im Landeshauptarchiv Koblenz und im Herzog von Croy'schen Archiv in Dülmen aufbewahrt. Ebenso lassen sich anhand der Rechnungen Arten und Verteilung der Abgaben und Frondienste ermitteln.

8) Vgl. zur Umrechnung der Währung die edierte „Evaluation deren Geldmünzen und Fruchtmaßen".

9) Vgl. die Angaben in Antonius CORDIE, Transkript von Landeshauptarchiv Koblenz (LHAK), 15, 1008 (Die Aufnahme der Grundgüter in der Herrschaft Bettingen im Jahre 1766), ohne Orts- und Jahresangabe.

10) Vgl. die Edition des „Status generalis".

11) Herzog von Croy'sches Archiv zu Dülmen (HCAD), Bestand Manderscheid-Blankenheim, HCAD 8, 4. Die Oberkailer Verpachtung ist dokumentiert in der Aktensammlung mit dem Titel „Acta die neue Einrichtung der Oeconomie betreffend" unter HCAD, BMB, 11, 7.

12) Aleš CHALUPA, Karl OTERMANN, Archiv der Grafen von Sternberg. Akten im Archiv des Nationalmuseums Prag, maschinenschriftlich, Euskirchen, Prag, ohne Jahresangabe, Einleitung.

13) DIES., a.a.O., Einleitung.

14) Herrn Georg Bechthold, Frau Elke Bock M. A. und Herrn Altbürgermeister Willi Fink aus Bettingen gilt mein herzlicher Dank für zahlreiche Anmerkungen und die Durchsicht des Manuskriptes.

Nachweise

Quellen

Landschaftsverband Rheinland (LVR), Archivberatungs- und Fortbildungszentrum Brauweiler, Mikrofilm Nationalarchiv Prag, Bestand Sternberg-Manderscheid, Kiste 160.

- Status der Erträgnisse in der Herrschaft Bettingen

- Status der Erträgnisse in der Herrschaft Kail

- Status der Erträgnisse der Grafschaft Manderscheid

- Evaluation deren Geldsorten und Fruchtmaßen

- Status Generalis

Landeshauptarchiv Koblenz (LHAK)

- LHAK, 29 B, 220, fol. 430 – 432 (Gerichtsbuch der Herrschaft Bettingen: Eintrag über die Inbesitznahme der Herrschaft Bettingen an der Prüm 1780).

Herzog von Croy'sches Archiv zu Dülmen (HCAD)

- HCAD, Bestand Manderscheid-Blankenheim, 8, 4, Akten betreffend die Verpachtung der Herrschaft Bettingen an die Abtei Echternach.

- HCAD, Bestand Manderscheid-Blankenheim, 11, 7, „Acta die neue Einrichtung der Öconomie betreffend".

Literatur

BRAND, Gregor, Augusta Reichsgräfin von Sternberg-Manderscheid. Letzte regierende Gräfin aus dem Haus Manderscheid, in: Eifelzeitung vom 17. Januar 2016.

CHALUPA, Aleš, OTERMANN, Karl, Archiv der Grafen von Sternberg. Akten im Archiv des Nationalmuseums Prag, maschinenschriftlich, Euskirchen, Prag, ohne Jahresangabe.

CORDIE, Antonius, Transkript von Landeshauptarchiv Koblenz (LHAK), 15, 1008 (Die Aufnahme der Grundgüter in der Herrschaft Bettingen im Jahre 1766), ohne Orts- und Jahresangabe.

FABRICIUS, Wilhelm, Erläuterungen zum geschichtlichen Atlas der Rheinprovinz. Die Karte von 1789. Einteilung und Entwicklung der Territorien von 1600 – 1794 (= Publikationen der Gesellschaft für rheinische Geschichtskunde, 12), Bonn 1898, Nachdruck, Bonn 1965.

GANSER, Siegbert Anton, Manderscheid und Oberkail. Eine historische Monographie, Trier 1876.

GERTEN, Erich, KREUTZ, Jörg, RECH, Claus, Oberkail. Geschichte eines Dorfes in der südlichen Eifel, Neuerburg 2001.

HABERKERN, Eugen, WALLACH, Joseph Friedrich, Hilfswörterbuch für Historiker. Mittelalter und Neuzeit (= UTB, 119), 2 Bde., 7. Auflage, Tübingen 1987.

HEYEN, Franz-Josef, LICHTER, Eduard, ZIMMER, Theresia, Inventar der Archive der Stadt Neuerburg (= Veröffentlichungen der Landesarchivverwaltung Rheinland-Pfalz, 3), Koblenz 1965.

NEU, Heinrich, Der letzte Graf von Sternberg-Manderscheid-Blankenheim. Ein Lebensbild des Grafen Franz Joseph von Sternberg, Sonderdruck, unpag., ursprünglich erschienen in: Heimatkalender Schleiden 1958.

NEU, Peter, Geschichte und Struktur der Eifelterritorien des Hauses Manderscheid vornehmlich im 15. und 16. Jahrhundert (= Rheinisches Archiv. Veröffentlichungen des Instituts für geschichtliche Landeskunde der Rheinlande an der Universität Bonn, 80), Bonn 1972.

DERS., Die Grafen von Manderscheid – ein historischer Überblick, in: TORUNSKY, Vera, Die Manderscheider. a.a.O., S. 13 – 28.

RECH, Claus, Der Regentenwechsel in der Herrschaft Bettingen während des 18. Jahrhunderts. Inbesitznahme- und Huldigungsakte im Spiegel der Gerichtsbücher, in: Heimatkalender Eifelkreis Bitburg-Prüm, Jahrgang 61 (2012), Bitburg, Seite 109 – 117.

TORUNSKY, Vera (Red.), Die Manderscheider. Eine Eifeler Adelsfamilie: Herrschaft, Wirtschaft, Kultur. Ausstellungskatalog, Köln 1990.

WEINS, Willibrord, Die Grafschaft Manderscheid in der Eifel, Diss. Münster 1921.

Abbildungen

Georg Bechthold: Titelbild (Turm der Bettinger Burgmauer)

Claus Rech: Tabellengestaltung nach Vorlage der historischen Quellendokumente

Anhang

Die sternberg-manderscheidischen Ertragsaufstellungen von 1781 im Überblick

Quellenbezeichnung	Signatur in Kiste 160
Status der Erträgnisse der Herrschaft Bettingen	S. 301.
Status der Erträgnisse der Grafschaft Blankenheim	S. 307.
Status der Ausgaben für das Schloss Blankenheim	S. 297.
Status der Erträgnisse der Herrschaft Dollendorf	S. 305.
Status der Erträgnisse des Hofes Dusemond (Brauneberg)	S. 296.
Gutachten über den Weinbau in Dusemond (Brauneberg)	S. 294.
Status der Erträgnisse der Grafschaft Gerolstein	S. 303.
Status der Erträgnisse der Herrschaft Kronenburg	S. 296.
Status der Erträgnisse der Grafschaft Manderscheid	S. 290.
Status der Erträgnisse der Herrschaft Neuerburg	S. 299.
Status der Erträgnisse der Herrschaft Oberkail (Kayl)	S. 292.

Die Ertragsübersichten für Bettingen, Blankenheim, Dollendorf, Gerolstein, Kronenburg, Manderscheid, Neuerburg und Oberkail sind unter dem oben angegebenen Titel im Findbuch von Chalupa / Otermann verzeichnet. Die Aufstellung und das Gutachten zum Hof Dusemond / Brauneberg werden dort hingegen nicht genannt. Das Dusemonder Gutachten wird hier erwähnt, da es umfangreiche Erläuterungen zu den lokalen Ertragsverhältnissen enthält.